AF292886

Liebe Leserin, lieber Leser,

im Leben gibt es Licht- und Schattenseiten. Beides zu sehen ist wichtig, und kann helfen Entscheidungen zu treffen. Auch die Natur kennt Licht und Schatten, Tag und Nacht. In diesem Gedichtband habe ich diese zwei Seiten der Medaille zum Thema gemacht.

Ich wünsche Ihnen viel Freude damit.

Ihre

Heike Boeke

Heike Boeke

Gedichte Licht und Schatten
oder
Es gibt immer zwei Seiten

Bibliografische Information der Deutschen Nationalbibliothek:
Die Deutsche Nationalbibliothek verzeichnet diese Publikation in der Deutschen Nationalbibliografie; detaillierte bibliografische Daten sind im Internet über http://dnb.dnb.de abrufbar.

© 2019 Heike Boeke

Illustration: **Heike Boeke**
Alle Texte und Bilder des Buches sind urheberrechtlich geschütztes Material und ohne explizite Erlaubnis des Urhebers, Rechtsinhabers und Herausgebers für Dritte nicht nutzbar

Herstellung und Verlag: BoD – Books on Demand, Norderstedt

ISBN: 9783748175155

Inhalt

Jedes Ding zwei Seiten zeigt,
je nachdem, wohin man neigt.

Positiv man kann es sehen,
negativ man kann es drehen.

Licht und Schatten sieht man dort,
Weiß und Schwarz in einem fort.

Nach rechts entschieden man sich neigt,
doch links die Richtung dann auch zeigt.

Nicht alles kann man selbst entscheiden,
und manchmal muss man auch dran leiden.

Doch dort, wo`s möglich ist, hab Mut,
dann wird manch Schlimmes wieder gut.

Sonnenlicht

Vom blauen Himmel strahlend schaut,
gebräunt wird davon meine Haut.

Dem Licht ich strecke mein Gesicht entgegen,
für mein Gemüt ein wahrer Segen.

Doch wenn sie allzu sehr dann sticht,
fühl ich mich doch als armer Wicht.

Wo find ich Schatten und auch Kühle?
Drum wild nach einem Hut ich wühle.
Die Haut fängt an sich sacht zu röten,
ein großer Baum, er wär von Nöten

Erlösung ich von Ferne sehe,
beschwingt ich dort ins Gasthaus gehe.
Nehm einen kühlen Trunk und bin erfrischt,
der letzte Sonnenstrahl erlischt.

Wie schön und bunt die Welt doch ist,
der Mensch das oftmals doch vergisst.

Er hat zwei Augen, kann nicht sehen,
weil er sich nur um sich kann drehen.

Er sieht nur sich und seine Sorgen,
und denkt nicht an den nächsten Morgen.

Voll Neid betrachtet er des andren Gut,
sein Kamm schwillt an ihm voller Wut.

Sein Aug sieht nicht die schönen Dinge,
dass ihm sein Herz voll Freud aufginge.

Für Schönheit blind, trotz Augenlicht.
Ein solcher Mensch – ein armer Wicht.

Hinauf ins dunkle All ich schau,
Gestalten überall ganz grau.

Es ist mir kalt, die Hände blau,
doch nicht von meinem Platz mich trau.

Ein Wunder soll hier gleich geschehen,
ich werd es hoffentlich bald sehen.

Sonnensturm, der tobt mit Kraft,
Elektrik auf die Erde schafft.

Magnetfeld holt die Teilchen runter,
der Himmel, der wird plötzlich bunter.

Grün und Rot welch Farbenpracht,
Lichter jetzt erhell 'n die Nacht.

Schweben, wallen auf und nieder,
sehen aus, wie bunt Gefieder.

Zu jubeln fängt mein Herz jetzt an,
dass ich solch Wunder sehen kann!

Doch bald der Himmel wieder grau,
hinauf ins dunkle All ich schau.

Grässlich kahl und ohne Blätter,
die genommen hat das Wetter,
stehen nun die Bäume da,
dort wo einst es grün doch war.

Wenn sie dann kommt, die dunkle Nacht,
erleuchten sie in heller Pracht.

Der Mensch hat sie gekleidet neu,
auf das der Anblick ihn erfreu.

Die Nacht sie macht zum Märchenwald,
es glänzt und leuchtet die Gestalt.

Doch wenn der neue Tag anbricht,
dann fahl ist wieder ihr Gesicht.

Fest steht er da, vom Sturm umtost,
an seinem Fuß er ist bemoost.

An einer steilen Klipp steht er,
zu der man kommt nur äußerst schwer.

Im Dunkeln blinkt er unentwegt,
das Licht sich schnell im Kreis bewegt.

Kein Schiff soll hier an Land gelangen,
und Menschen um ihr Leben bangen.

Drum steht er da, ganz fest und blinkt,
dass niemand an der Klippe sinkt.

Was seh ich da im Dunkeln blinken,
wie eine Taschenlampe winken?

Es ist ein Würmchen, das da glüht,
und sich im Dunkeln hier abmüht.

Das Licht ist kalt, das Würmchen warm,
sucht Fräulein sich für seinen Arm.

Es blinkt und flitzt so durch die Nacht,
in meine Hand nehm ich es sacht.

Was bist du für ein Wundertier?
Mein Herz erfreut hast du heut mir.

Die Kerzen flackern so im Wind,
von draußen hör ich lachend Kind.

Sinnend ich blick ins Kerzenlicht,
Traurigkeit fällt Schicht um Schicht.

Die Flamme, sie tanzt auf und nieder,
von Fern kann hören Wiegenlieder.

Das Wachs, es tropft und perlt hinunter,
ein Bächlein bildet sich gar munter.

Ganz warm wird´s mir, die Augen leuchten,
denn Finsternis sie schnell verscheuchten,

Es bimmelt, brummelt und es blinkt,
und ständig Nachrichten es bringt.

Das Neuste muss es immer sein,
damit auch passt ganz viel hinein.

Man kann mich ständig hier erreichen,
der Nachricht kann ich nicht ausweichen.

Und weh, die Antwort nicht gleich kommt,
Erinnerung sogleich folgt prompt.

Bin Sklave denn von diesem Teil?
Treibt in mein Leben einen Keil!

Jetzt reicht´s, ich klapp es einfach zu,
und Ruhe, sie kehrt ein im Nu!

Meine Hände zappen wild,
denn mein Wissen soll gestillt.

Auch möcht ich was günstig kaufen,
ins Geschäft will ich nicht laufen.

WWW, das ist ein Wunder,
um zu finden manchen Plunder.

Um zu finden manchen Fake,
Finger auf die Tasten leg.

Stunden sitz ich so ganz krumm,
such mich auch mitunter dumm.

In der Sonne könnt ich laufen,
statt hier unnütz Zeug zu kaufen.

Kann Natur direkt erleben,
statt im Worldwide Web zu leben.

Maschinen solln mir helfen bald,
wenn ich auch noch nicht so alt.

Solln nehmen mir die Arbeit weg,
zu Jammern hat wohl keinen Zweck.

Die Bessren solln sie plötzlich sein,
mir fällt dazu kein Wort mehr ein.

Sie können wohl ganz viele Sachen,
nur Eines könn sie nicht – mal Lachen!

Mein Chef sagt mir, er braucht mich nicht,
und andre Arbeit nicht in Sicht.

Maschinen solln die Arbeit machen,
und ich kann packen meine Sachen.

Maschinen, die jedoch sind dumm,
zudem sie sind auch noch recht stumm.

Eiszapfen

Wie auf Perlenschnüren hängen,
Wassertropfen, die sich drängen.

In der kalten Nacht gefroren,
hängen sie nun an den Toren.

Wunderschön sind anzusehen,
wie sie aneinander stehen.

Sonne bringt sie bald zum Schwitzen,
lange können sie nicht sitzen.

Tropfen fallen jetzt hernieder,
in der Nacht erstarrn sie wieder.

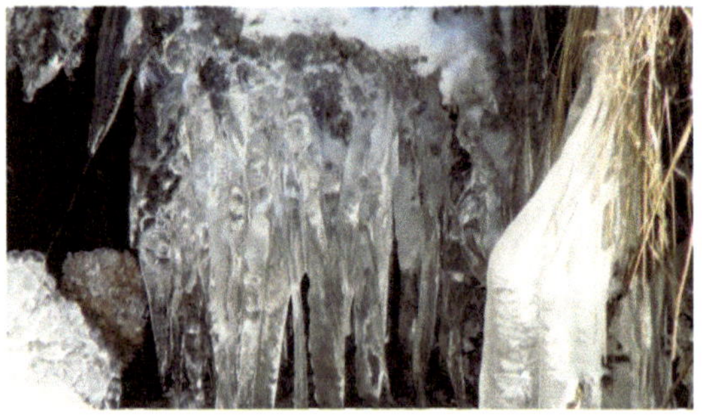

Im Schatten liege ich und träume,
und schau hinauf ins Blätterdach.
Wie wunderschön sind diese Bäume,
weit fort von brausend Lärm und Krach.

Sie wiegen sich im Wind,
ich hör sie raschelnd lachen.
So wie ein lebhaft Kind,
Blätter wie kleine Drachen.

Durch Astgewirr scheint warmes Licht,
hinein ins glückliche Gesicht.

Auf dem Wasser tanzen Lichter,
leuchten fröhlich hier und da.
Bilden lachende Gesichter,
einmal fern und dann ganz nah.

Hüpfen auf und wieder nieder,
singen mit den Wellen Lieder.

Bilden Kreise auf der Reise,
und entfernen sich ganz leise.
Wenn die Sonne fortgegangen,
Wolken nun dort hingelangen.

Sonnenaufgang

Vogelstimmen noch im Dunkeln,
Sterne hoch am Himmel funkeln.

Morgengrau mit Nebelschleiern,
Hochzeit wird der Tag jetzt feiern.

Tropfen glitzern in der Luft,
ahnt schon hellen Morgenduft.

Langsam weicht das Grau dem Licht,
Sonne nun durch Nebel bricht.

Langsam steigt sie hoch hinauf,
auch in Tälern Licht geht auf.

Oh, wie schön ist´s dich zu sehen,
auch, wenn bald wirst wieder gehen.

Doch ich weiß, du kommst bald wieder,
drückst das Dunkel tief hernieder.

Tag neigt sich dem Abend zu,
Sonne legt sich nun zur Ruh.

Langsam sinkt sie immer weiter,
auf der hohen Himmelsleiter.

Feuerrot ihr Angesicht,
immer weniger an Licht.

Prachtvoll ist sie anzusehen,
wenn sie anschickt sich zu gehen.

Doch woanders steigt sie auf,
und nimmt dort dann ihren Lauf.

Bis wir sie dann neu erleben,
sehen sie am Himmel schweben.

Ganz dunkel ist es, als es kracht,
in meinem Bett bin aufgewacht.

Ein Blitz schießt aus der Wolkenmasse,
vor Schreck mir an mein Herz ich fasse.

Ganz hell wird es in meinem Raum,
wo ich zuvor in ruhigem Traum.

Dann macht es Rums, halt mir die Ohren,
die Hände in die Deck sich bohren.

Dann wird es ruhig, es ist ganz still,
noch ein paar Stunden schlafen will.

Regen

Unentwegt es platscht der Regen,
bringt dem Land gewiss den Segen.

Doch ich möcht die Sonne sehen,
und nicht hier im Regen stehen.

Schon ne Woche grau in grau,
möcht mal wieder himmelblau.

Seh, wie Blumen sprießen wieder,
Vögel singen laute Lieder.

Bäume schlagen wild jetzt aus,
doch der Regen ist ein Graus.

Die Natur, sie lechzt nach Nass,
ich daher das Maulen lass.

Gummistiefel zieh mir an,
mach mich auf den Weg sodann.

Regenschirm und Mütze auf,
ich durch die Natur nun lauf.

Stelle fest, so schlimm ist`s nicht,
denn ein Ende ist in Sicht.

Regenflut sie ist vorbei,
atmen kann man wieder frei.

Frühling endlich ist es wieder,
Vögel singen ihre Lieder.

Sonne zeigt ihr Angesicht,
endlich ist es wieder Licht.

Pollen fliegen durch die Lüfte,
überall so schöne Düfte.

Aus den Augen läuft`s heraus,
Pollenflug ist mir ein Graus.

Nase trieft, ich kann`s nicht fassen,
den Pollenflug, den könnt es lassen.

Doch freu ich mich, dass Frühling ist!
Du warst trotzdem so sehr vermisst!

Erster Schnee fällt leis hernieder,
Winter ist es jetzt schon wieder.

Glatte Straßen, Gänsehaut,
jemand einen Schneemann baut.

Lange Nächte, kurze Tage,
ich mich vor die Tür kaum wage.

Glitzernd in der Wintersonne,
das zu sehen eine Wonne!

Schnee knirscht unter warmen Schuhen,
die Natur scheint jetzt zu ruhen.
Wie die Dampflok Atem raucht,
man jetzt eine Heizung braucht.

Licht und Schatten Winter ist,
mancher ihn nicht sehr vermisst.

Vor mir liegt ein weißes Blatt,
füllen will´s mit Farbe satt.

Wasserfarben hell und dunkel,
auf dem Blatt entsteht Gefunkel.

Licht und Schatten bringen Tiefe,
so, als ob der Berg dort schliefe.

Sonnengelb das Bild erhellt,
meine Brust ist stolz geschwellt.

Tiere formen meine Hände,
die besetzen jetzt die Wände.

Flattern wie ein Vögelein,
stehen gar auf einem Bein.

Wie ein böser Hund sie bellen,
plötzlich werden daraus Wellen.

Boot fährt drüber und es sinkt,
Bär mit einem Wolf jetzt ringt.

Schatten an der Wand,
Tiere nie gekannt.

Allein

Allein zu sein, macht manchmal Spaß,
wenn findet man das richtge Maß.

Gedanken über sich kann machen,
und herzhaft über sich mal lachen.

Doch ganz allein sein, das ist schlecht,
man denkt dann, man hat immer recht.

Meist nicht bereit sich zu bewegen,
die Meinung anderer - zu verwegen!

Auch sehen andrer Leid und Not,
wenn sitzt man in demselben Boot.

Das fehlt, wenn man alleine ist,
und andre Menschen schnell vergisst.

Eine Insel

Auf einer Insel wär so gern,
am besten ganz weit weg und fern.

Dann könnt mich keiner mehr hier nerven,
und blöde Sachen um sich werfen.

Ich hätte Frieden und auch Ruh,
bräucht keine Tür mehr machen zu.

Jedoch, wenn ich dort würde sitzen,
und in der Sonne heftig schwitzen,
dann wär die Langeweile groß.
Was würd ich machen denn dort bloß?

Ich kann zwar in der Sonne dösen,
und ein paar Kreuzworträtsel lösen.

Doch, wenn das alles dann gewesen,
und alle Bücher ausgelesen,
dann wäre ich dort sehr allein,
und das, das wär so gar nicht fein.

 Ich glaub, ich bleib hier wo ich bin.
Das macht doch eher einen Sinn.

Denn, wenn auch manche Leute nerven,
und mit viel Unsinn um sich werfen,
so bin ich doch nicht ganz allein,
denn das wär glaube ich doch Pein.

Bis 18 sehnt man sie herbei,
danach sie einem Einerlei.

Denn jedes Jahr bringt neue Macken,
und oftmals auch nen steifen Nacken.

Mit 18 feiert man sie wild,
im Alter wird man eher mild.

Denn so viel Kerzen auf der Torte,
dazu noch so viel lobend Worte,
erinnert an die junge Zeit,
die doch zurückliegt ewig weit.

Drum feiert man sie später leise,
weil man im Alter wird auch weise.

Kinder haben oder nicht,
jeder hat die eigne Sicht.

Klar, sie sind so süß und nett,
wenn sich nicht im eignen Bett.

Klar, sie geben einem was,
wenn die Windeln nicht gerad nass.

Klar, wie schön ist Kinderlachen,
wenn man fliegt nicht über Sachen.

Klar, ihr Lachen, das steckt an,
wenn man sie sich leisten kann.

Klar, viel bunter ist das Leben jetzt,
wenn man nicht zur Kita hetzt.

Kinder haben oder nicht,
jeder hat die eigne Sicht.

Jung zu sein, das ist ganz toll,
immer ist der Tank ganz voll.

Sausen, brausen immer heiter,
voran gehen immer weiter.

Nicht dran denken an das Morgen,
niemals machen sich gar Sorgen.

Immer fröhlich und vergnügt,
man sich selber stets genügt.

Tanzen, essen, feiern, leben,
und nach Gaudi stets zu streben.

Auch mal blöde Sachen machen,
über sich und andre lachen.

Doch die Jugend geht vorbei,
die Gedanken nicht mehr frei.

Zukunft nun für sich gestalten,
das verdiente Geld verwalten.

Ernst des Lebens nicht mehr heiter,
wenn auf der Karriereleiter.

Oftmals sucht man dann das Glück,
wünscht die Jugend sich zurück.

Man sagt im Alter wird man weise,
jedoch die Jugend, sie geht leise.

Im Alter weiß man immer mehr,
dafür das Gehen fällt recht schwer.

Im Kopf, da ist man noch ganz jung,
doch fehlt mitunter auch der Schwung.

Man hat mehr Zeit für schöne Dinge,
doch leider auch manch Augenringe.

Man weiß jedoch, dass man wer ist,
wenn manchmal auch man es vergisst.

Das Alter hat so seine Tücken,
und oftmals hat man es im Rücken.

Doch ist man froh, dass man noch lebt,
und das allein die Stimmung hebt.

Gedankenblitze, helles Licht,
ganz plötzlich wird sie klar – die Sicht.

Personen sah ich ganz verschwommen,
Gedächtnis hat man mir genommen.

Gerad wusste ich den Namen noch,
jetzt ist dort nur ein großes Loch.

Was halt ich bloß hier in der Hand?
Begriffe ich dazu nicht fand.

Doch da, jetzt weiß ich, was es ist,
es ist Etwas, mit dem man isst!

Und hier, Gesicht, das kenn ich gut!
Ich fasse wieder neuen Mut.

Doch dunkle Schatten plötzlich wallen,
und sich in mein Gedächtnis krallen.

Mein Kopf ist wieder gänzlich leer,
das Denken fällt mir wieder schwer.

Ach, wo sind nur die hellen Tage?
Ich daran so oft verzage.

Ein Schatten liegt auf meiner Seele,
die Glieder, schwer wie Blei sind sie.
Ein Strick liegt mir um meiner Kehle,
fast sinke ich auf meine Knie.

Ich kann mich einfach nicht bewegen,
Bänder stählern um mein Herz sich legen.

An so gar nichts kann mich freuen.
Wofür muss ich denn bereuen?

War das Leben, das ich führte
gar so schlecht und voller Not?
Warum wünsch ich mir den Tod?

Schattenwolken türmen sich.
Warum trifft es gerade mich?

Will dorthin wo Licht und Leben,
dafür will ich alles geben.

Fege weg die dunkle Saat,
denn das Leben nicht nur hart.
Helle Seiten lass mich sehen,
dunkle Schatten bald vergehen.

Wer reich ist sagt man, der hat Glück,
denn er bekommt ein großes Stück.
Vom Leben und von Haus und Grund,
er hat sogar den größten Hund.

Was er will, er kann's sich leisten,
von allem er bekommt am meisten.
Doch ist das wirklich so, wir fragen?
Muss er dafür nicht viel ertragen?

Er schuftet dafür Tag und Nacht,
und das Finanzamt drüber lacht.

Hat kaum Freunde, wenig Freizeit,
und viel weniger an Freiheit.

Drum sei nicht neidisch, sag ich dir,
kannst freuen dich, im Jetzt und Hier!

Wachstum sagt man, das ist wichtig,
größer werden, das ist richtig!

Welcher Preis zu zahlen ist,
sich in vielen Leben misst.

Kosten Mensch und Tiere tragen,
weise Männer täglich sagen.

Jedoch keiner will es hören,
niemand will das Wachstum stören.

Aber irgendwann dann bald,
es aus leeren Hallen schallt.

Größer werden, das ist richtig,
Leben achten, das ist wichtig!

Oft sagt man, das Glas ist leer,
wenn das Leben ist so schwer.

Wenn es dann mal besser ist,
Glasinhalt man höher misst.

Optimistisch ist man dann,
wenn man Inhalt trinken kann.

Pessimistisch aber dann,
wenn man nichts mehr finden kann.

Voll zur Hälfte Glas sein soll,
dann ist´s Leben immer toll.

Das Licht geht aus, es raschelt leise,
ich mach mich jetzt auf eine Reise.

Die Musik hebt an, der Vorhang geht auf,
die Geschichte, sie nimmt schnell ihren Lauf.

Ich bin gefesselt von dieser Handlung,
verfolge gespannt die plötzliche Wandlung.

Dann ist der Film so plötzlich zu Ende,
nachdem er nahm eine weitere Wende.

Das Licht geht an, ich schaue mich um,
da sitzen noch andere, sind ganz stumm.

Ein Rascheln,
die ersten im Gang schon stehen,
ich merk es jetzt, auch ich muss jetzt gehen.

Bau ich oder miet ich doch?
Beides reist ein großes Loch.

Schmeiß ichs Geld dem in den Rachen,
der da baut marode Sachen?

Oder bau ich selbst ein Haus,
fahre dafür weit hinaus?

Was denn wählen soll ich nur,
die Entscheidung eine Schur.

Schattenseiten beides hat,
bin vom Denken schon ganz matt.

Schlaf noch drüber eine Nacht,
warte bis die Sonne lacht.
Dann wähl ich, was für mich gut,
egal, was dann ein andrer tut.

Sammeln

Auf meine Sammlung stolz ich bin,
für mich ist sie ein Hauptgewinn.

Ich sammle schon seit langer Zeit,
dafür ist mir kein Weg zu weit.

Ich such natürlich nur das Beste,
und nicht nur einfach ein paar Reste.

Der Dachstuhl, der ist gut gefüllt.
Ich wurd schon dafür angebrüllt.

Doch lassen kann ich´s einfach nicht,
sobald was Neues ist in Sicht.

Das Sammeln liegt mir doch im Blut,
in mir brennt doch solch heiße Glut.

Doch weiß ich auch, bald geht´s nicht mehr,
denn Platz zu finden fällt mir schwer.
Doch find ich noch ne kleine Lücke,
in die kann legen ein paar Stücke,
dann mach ich das, und freu mich Jeck,
vor meiner Frau sie dann versteck.

Draußen ist es kalt und nass,
Hand um warme Tasse fass.

In die Nase strömt ein Duft,
und geschwängert ist die Luft.

Nelken, Wein und viel Gewürze,
ich mich auf den Trank jetzt stürze.

Warm wird´s mir darauf im Bauch,
Hände, Füße, Kopf nun auch.

Trinke gleich nochmal ein Glas,
Heidewitzka, welch ein Spaß!

Doch am andern Morgen dann,
meine Aug nicht öffnen kann.

War wohl doch ein bisschen viel,
bin geschossen übers Ziel.

Doch am nächsten Abend dann,
ich es doch nicht lassen kann.

Kurz die Glühweinzeit ja eh,
daher hier am Stand ich steh.

Über weiße Wolken fliegen,
Schwerkraft heute hier besiegen.

Fröhlich, das ichs mir kann leisten,
nicht wie Menschen früher reisten.
Meist zu Fuß und mit Gepäck,
dass ich in den Stauraum steck.

Schmal die Kost, es ist auch eng,
manchmal riecht es auch recht streng.

Warten muss man oft auch noch,
manchmal fliegt man durch ein Loch.
Gerad noch bin ich hier gewesen,
hab ein Buch nur kurz gelesen,
schon bin ich im Urlaubsland,
laufe vor die Hitzewand.

Würd ich reisen, wie vor Jahren,
würd ich in den Urlaub fahren.

Würd mich langsam hin bewegen,
auch mal eine Paus einlegen.
Irgendwann wär ich dann da,
würd mich setzen an die Bar.

Langsam aber geht nicht mehr,
auch wenn reis mit Atmosphär.

Ich hab gebucht all inklusiv,
dann weiß ich es, es läuft nichts schief.

Da weiß ich, dass ich alles kriege,
und sonnen kann auf meiner Liege.

Ich muss nicht raus ins Hinterland,
ich kann hier liegen nur im Sand.

Mit Ureinwohnern muss nicht sprechen,
und kann hier auch die Nacht durchzechen.

Den ganzen Tag lang kann ich speisen,
und muss nicht durch das Land hier reisen.

Was aufgetischt wird weiß ich hier,
nicht irgendein mir fremdes Tier.

Ich kenn zwar nachher nicht das Land,
weil inklusiv ich besser fand.

Entscheidungsfreiheit

Ich soll mich entscheiden jetzt,
fühl mich aber so gehetzt.

Weiß ja gar nicht, was ist richtig,
und was davon ist so wichtig.

Weiß nicht, ob´s mir Vorteil bringt,
oder mir ein Nachteil winkt.

Wäge ab, mach mir Gedanken,
komm dabei ganz schön ins Schwanken.

Was ist, wenn ich´s Falsche wähle?
Angst, die schnürt mir zu die Kehle.

Warum muss ich mich entscheiden?
Wie kann ich es nur vermeiden?

Doch Zögern bringt mich hier nicht weit,
wenn ich gewählt, bin ich befreit.

Weitere Gedichtbände von Heike Boeke

Gedichte Brücken

ISBN: 9783752811094
Gedichte Brücken und Wasserspiele

Gedichte Natur

ISBN: 978-3-7460-1687-0
Gedichte über die Schönheit der Natur

Gedichte Mensch

ISBN: 978-3-7460-3383-9
Gedichte über und für Menschen

Gedichte Gesundheit

ISBN-13: 9783752849769
Bleiben Sie gesund